I0815058

Gimnasia
Grandes momentos, récords y datos

Teddy Borth

Abdo
GRANDES DEPORTES
Kids

abdopublishing.com

Published by Abdo Kids, a division of ABDO, PO Box 398166, Minneapolis, Minnesota 55439.

Copyright © 2017 by Abdo Consulting Group, Inc. International copyrights reserved in all countries. No part of this book may be reproduced in any form without written permission from the publisher.

Printed in the United States of America, North Mankato, Minnesota.

052016

092016

Spanish Translator: Maria Puchol, Pablo Viedma

Photo Credits: AP Images, Corbis, Getty Images, Shutterstock, © ID1974 / Shutterstock.com p.7

Production Contributors: Teddy Borth, Jennie Forsberg, Grace Hansen

Design Contributors: Laura Rask, Dorothy Toth

Publishers Cataloging-in-Publication Data

Names: Borth, Teddy, author.

Title: Gimnasia: Grandes momentos, récords y datos / by Teddy Borth.

Other titles: Gymnastics : great moments, records, and facts. Spanish

Description: Minneapolis, MN : Abdo Kids, [2017] | Series: Grandes deportes | Includes bibliographical references and index.

Identifiers: LCCN 2016934840 | ISBN 9781680807349 (lib. bdg.) | ISBN 9781680808360 (ebook)

Subjects: LCSH: Gymnastics--Juvenile literature. | Spanish language materials--Juvenile literature.

Classification: DDC 796.44--dc23

LC record available at http://lccn.loc.gov/2016934840

Contenido

Gimnasia

Alrededor de 1800 empiezan a crearse ejercicios para chicos. Estos ejercicios proceden de viejos ejercicios de Grecia. Así se creó la gimnasia de hoy en día.

El gimnasio

Los gimnastas tienen 8 estaciones. Las mujeres usan 4 de ellas en sus eventos. Los hombres usan 6. Comparten 2 estaciones.

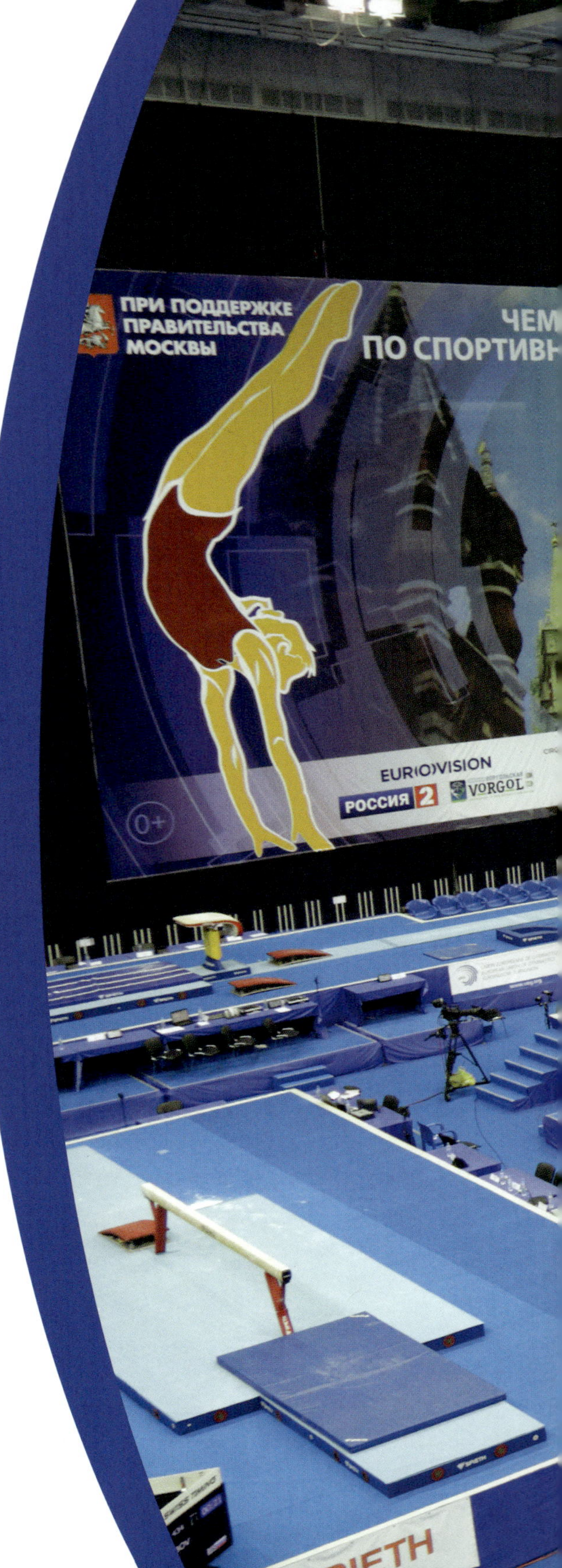

ЧЕМПИОНАТ ЕВРОПЫ
ПО СПОРТИВНОЙ
ГИМНАСТИКЕ
2013
The 5th European Men's and Women's
Artistic Gymnastic Individual
Championships in Moscow
UEG
17 - 21 АПРЕЛЯ
СК "ОЛИМПИЙСКИЙ"
ВТБ
EUROVISION
РОССИЯ 2
SPIETH

Grandes récords

Nadia Comaneci impresionó al mundo en 1976. Fue la primera en conseguir una puntuación perfecta en unas **olimpiadas**. Ganó 7 puntuaciones perfectas.

Kohei Uchimura ganó títulos mundiales cinco años seguidos. Ganó el **oro** en **individuales completos** desde el año 2009 al 2013. Fue el primero en hacer esto.

London 2012

Gabby Douglas hizo historia en 2012. Ganó el **oro olímpico** en **individual completo**. Fue la primera mujer afroamericana que lo hizo.

UNITED STATES
OLYMPIC TEAM

Scherbo se hace de oro

Vitaly Scherbo hizo una gran **olimpiada** en 1992. Ganó 6 de los 8 eventos.

Ganó el **oro** por equipos. También ganó 5 eventos individuales. Solamente dos nadadores han ganado más en unas **olimpiadas**.

Strug “clava” el aterrizaje

El equipo estadounidense luchaba por el **oro** en 1996. El último evento era el salto de potro. Kerri Strug era la última esperanza para los norteamericanos. Salió en su primer intento y se cayó. Se había dañado un tobillo.

USA
USA

Era su turno de nuevo. Llegó hasta el punto de salida casi sin poder andar, pero corrió y aterrizó bien. ¡Recibió una nota de 9.712! ¡Así ganó USA su primer **oro** por equipos en gimnasia! La llevaron a brazos hasta el podio para recoger su medalla.

Más datos

- La gimnasia se hizo un evento **olímpico** en 1896. Alemania ganó la mitad de las medallas.
- La gimnasia artística es el tipo más conocido de gimnasia. En ella se usan barras. Otros tipos de gimnasia usan trampolines, aros y anillas.
- La gimnasia era diferente hace miles de años. Se usaban toros. Se solía correr hacia un toro, se agarraba de los cuernos y se saltaba por encima de él. Trataban de aterrizar al otro lado con los dos pies juntos. Esto se convirtió en un juego. También era una forma de entrenar a los soldados.

Glosario

individual completo - evento en gimnasia compuesto de todos los ejercicios.

olimpiadas - evento deportivo donde equipos y atletas de todo el mundo compiten entre ellos. Las olimpiadas de verano ocurren cada cuatro años.

oro - premio otorgado al ganador de un evento.

Índice

abdokids.com

¡Usa este código para entrar en abdokids.com y tener acceso a juegos, arte, videos y más cosas!